TEXTE OFFICIEL ET COMPLET DE LA

Loi du 29 Juin 1929

SUR LES LOYERS

modifiant et complétant la loi du 1ᵉʳ avril 1926

Le Sénat et la Chambre des députés ont adopté,
Le Président de la République promulgue la loi dont la teneur suit :

Article unique. — Les articles 1ᵉʳ, 2, 4, 5, 6, 8, 9, 10, 11, 14, 15, 20, 21, 23, 25, 26, 27, 30 et 31 de la loi du 1er avril 1926, modifiée par la loi du 21 juillet 1927, seront modifiés et complétés ainsi qu'il suit à dater du 1ᵉʳ juillet 1929 :

« ARTICLE PREMIER. — A Paris, dans le département de la Seine et dans un rayon de 50 kilomètres des fortifications de Paris, dans les communes d'une population totale supérieure à 4.000 habitants ou distantes de moins de 5 kilomètres des villes de 10.000 habitants et dans toutes celles où le dernier recensement accuse un accroissement de la population municipale d'au moins 5 % sur le précédent recensement, les baux à loyers de locaux d'habitation ou à usage professionnel sans caractère commercial ou industriel, ou affectés à l'exercice d'une fonction publique, seront régis par les dispositions ci-après.

« Toutefois, après avis des conseils municipaux intéressés et des conseils généraux, des décrets rendus en Conseil d'Etat détermineront les localités dans lesquelles la présente législation cessera d'être applicable à partir du 1er avril 1931.

« Les assemblées consultées feront connaître si le prix limite des loyers déterminé par la présente loi doit être maintenu dans le cas où la prorogation serait supprimée.

« ART. 2. — Les locataires, sous-locataires, cessionnaires de baux et les occupants de bonne foi de locaux d'habitation en vertu d'une prorogation antérieure ou d'un délai de grâce, même expiré, en possession au 30 juin 1929 auront — sauf en cas de décision judiciaire devenue définitive ayant ordonné l'expulsion pour l'une des causes de refus de prorogation admise par la présente loi — droit, sans l'accomplissement d'aucune formalité, à des prorogations de jouissance qui prendront fin :

« Pour les locaux à usage professionnel ou servant à l'exercice d'une fonction ou à usage mixte, sans caractère commercial ni industriel, les prorogations de jouissance prendront fin :

	A PARIS, dans le département de la Seine et dans un rayon de 50 kilomètres des fortifications de Paris.	DANS LES VILLES de plus de 100.000 habitants et dans les communes limitrophes	DANS LES VILLES au-dessous de 100.000 habitants
	francs.	francs.	francs.
Au 1er juillet 1932, lorsque, au 1er août 1914, le loyer excédait	6.000	4.000	2.000
Au 1er juillet 1935, lorsque, au 1er août 1914, le loyer excédait	3.000	2.000	1.000
Au 1er juillet 1936, lorsque, au 1er août 1914, le loyer excédait	2.000	1.000	500
Au 1er juillet 1937, lorsque, au 1er août 1914, le loyer excédait	1.000	500	250
Au 1er juillet 1938, lorsque, au 1er août 1914, le loyer excédait	500	250	»
Au 1er juillet 1938, lorsque, au 1er août 1914, le loyer était inférieur à	»	»	250
Au 1er juillet 1939, pour toutes les prorogations non comprises dans les catégories ci-dessus....	»	»	»
Au 1er juillet 1932, lorsque, au 1er août 1914, le loyer excédait	9.000	6.000	3.000
Au 1er juillet 1935, lorsque, au 1er août 1914, le loyer excédait	6.000	4.000	2.500
Au 1er juillet 1936, lorsque, au 1er août 1914, le loyer excédait	3.000	2.000	1.000
Au 1er juillet 1937, lorsque, au 1er août 1914, le loyer excédait	2.000	1.000	500
Au 1er juillet 1938, lorsque, au 1er août 1914, le loyer excédait	1.000	500	»
Au 1er juillet 1938, lorsque, au 1er août 1914, le loyer était inférieur à	»	»	500
Au 1er juillet 1939, pour toutes les prorogations non comprises dans les catégories ci-dessus....	»	»	»

« Sont exclus du bénéfice des dispositions du présent article les locataires dont le loyer excédait au 1ᵉʳ août 1914 :

« a) Pour les locaux d'habitation :

A PARIS, dans le département de la Seine et dans un rayon de 50 kilomètres des fortifications de Paris.	DANS LES VILLES de plus de 100.000 habit. et dans les communes limitrophes.	DANS LES VILLES au-dessous de 100.000 habit.
francs.	francs.	francs.
9.000	6.000	3.000

« b) Pour les locaux à usage professionnel ou servant à l'exercice d'une fonction ou à usage mixte, sans caractère commercial ni industriel :

A PARIS, dans le département de la Seine et dans un rayon de 50 kilomètres des fortifications de Paris.	DANS LES VILLES de plus de 100.000 habit. et dans les communes limitrophes.	DANS LES VILLES au-dessous de 100.000 habit.
francs.	francs.	francs.
13.500	9.000	4.500

« La date d'expiration des prorogations prévues au dit article sera le terme de loyer d'usage dans les communes où la date de ce terme n'est pas le 1ᵉʳ juillet.

« Art. 4. — N'ont pas droit au bénéfice de la prorogation :

« 1° Les étrangers n'ayant pas combattu ni servi, ou dont les enfants ou gendres n'auront pas combattu ou servi dans les diverses formations des armées françaises, alliées ou associées, sauf pour les sujets des pays de protectorat et de mandat, et pour ceux dont les enfants ont acquis la nationalité française, et sous réserve des conventions diplomatiques existant au jour de la promulgation de la présente loi;

« 2° Les locataires, sous-locataires et cessionnaires de locaux de plaisance pour lesdits locaux;

« 3° Les locataires, cessionnaires ou sous-locataires ayant plusieurs habitations, sauf pour celle constituant leur principal établissement, à moins qu'ils ne justifient que leur fonction ou leur profession les y oblige ou que les locaux d'habitation loués par eux en sus de leur habitation personnelle sont occupés par leurs ascendants ou descendants ou ceux de leur conjoint;

« 4° Les occupants pour lesquels le logement constitue un des accessoires du contrat de louage de services;

« 5° Les locataires qui, contrairement aux clauses du bail, ont loué ou loueront la majeure partie des locaux sans l'assentiment écrit du propriétaire;

« 6° Les locataires qui ont à leur disposition ou peuvent recouvrer, en exerçant leur droit de reprise, dans la même agglomération, un autre local répondant à tous leurs besoins et à ceux des membres de leur famille demeurant avec eux;

« 7° Les locataires d'immeubles destinés par les collectivités à des travaux d'utilité publique;

« 8° Les locataires qui, sans motif légitime, bien que depuis plus de deux ans en possession des locaux, n'ont pas occupé effectivement ceux-ci six mois au moins au cours de chacune des deux années successives, à moins que leur profession ou leur fonction ne justifie cette situation.

« ART. 5. — Le droit à la prorogation n'est pas opposable au propriétaire de nationalité française qui, ayant acquis un immeuble ou une partie d'immeuble par acte ayant date certaine avant le 1er mars 1926, voudra occuper par lui-même cet immeuble ou une partie de cet immeuble.

« Toutefois, lorsqu'il sera établi par l'occupant que le propriétaire invoque le droit de reprise non pas pour satisfaire un intérêt légitime, mais dans l'intention de nuire à l'occupant ou d'éluder les dispositions qui régissent la détermination du prix du loyer, les juges devront refuser au propriétaire l'exercice de ce droit.

« De même, le droit à la prorogation n'est pas opposable au propriétaire, remplissant les conditions visées au paragraphe 1er qui justifiera d'un motif légitime pour faire occuper l'immeuble ou une partie de l'immeuble par ses ascendants ou descendants ou par ceux de son conjoint vivant ou devant vivre séparément d'avec lui.

« Le droit de reprise, tel qu'il est prévu aux alinéas précédents, sera accordé dans les mêmes conditions au propriétaire de nationalité française qui a acquis un immeuble ou une partie d'immeuble par acte dont la date certaine se place entre le 1er mars 1926 et le 1er juin 1929; néanmoins, ce droit ne pourra être exercé qu'à partir, soit du 1er juillet 1929, soit du 1er juillet 1930, soit du 1er avril 1931, pour les locaux dont le retour au droit commun était prévu pour ces dates.

« Le propriétaire de nationalité française, dont l'acquisition à titre onéreux est postérieure au 1er juin 1929, ne pourra bénéficier du droit de reprise qu'à la condition de mettre préalablement à la disposition du locataire un local d'habitation répondant sensiblement par sa surface, par son prix et par sa situation, aux mêmes besoins que celui dont il veut reprendre l'usage.

« Il en sera de même jusqu'à la date à partir de laquelle pourra être exercé son droit de reprise, tel qu'il est défini aux alinéas précédents, pour le propriétaire de nationalité française qui a acquis les locaux entre le 1er mars 1926 et le 1er juin 1929.

« Le droit reconnu au propriétaire par les alinéas précédents ne pourra porter que sur les locaux servant exclusivement à l'habitation et ne pourra s'exercer qu'une seule fois au profit de chacun des bénéficiaires ci-dessus énoncés, quelles que soient la date de l'exercice de ce droit et la loi en vertu de laquelle il a été exercé.

« Le propriétaire qui voudra bénéficier du droit de reprise devra prévenir, suivant les usages des lieux et au moins six mois à l'avance par acte extrajudiciaire, le locataire dont il se propose de reprendre le local. Ledit acte devra, en outre, et à peine de nullité, quand le propriétaire exercera le droit de reprise en vertu du troisième paragraphe, indiquer avec précision le ou les motifs légitimes qui justifient l'exercice dudit droit.

« Pour les congés donnés après le 1er juillet 1929, le locataire qui entendra contester la légitimité du ou des motifs invoqués devra, à peine de forclusion, saisir de sa contestation le juge compétent dans le délai de trois mois à dater de la réception du congé qui devra mentionner nettement ce délai de forclusion à peine de nullité.

« Le juge doit toujours apprécier la légitimité du ou des motifs au jour de la signification du congé.

« ART. 6, 4e alinéa. — Ascendants dont tous les enfants sont morts pour la France ou ayant recueilli la veuve ou les enfants de militaires ou de marins morts pour la France.

« 9e alinéa (nouveau). — Le droit de reprise ne sera pas non plus opposable au titulaire de la carte du combattant, sauf si le propriétaire, son conjoint, ses enfants et les conjoints de ceux-ci non séparés de corps, ou ascendants ou descendants, ou ceux de son conjoint sont eux-mêmes titulaires de cette carte.

« Cependant, le propriétaire rentrant dans une des catégories définies aux alinéas 2, 3, 4, 5, 7 ci-dessus et celui qui aura lui-même subi, comme locataire, le droit de reprise de son propriétaire pourront exercer leur droit de reprise à l'encontre d'un locataire titulaire de la carte du combattant si celui-ci ne rentre pas lui-même dans une des catégories susvisées.

« 10° alinéa (ancien 9° alinéa complété). — Ces exceptions ne seront pas opposables non plus, d'une part, aux fonctionnaires ou agents civils ou militaires de l'Etat, des départements et des communes, d'autre part, aux employés logés par l'administration dont ils dépendent, justifiant, les uns et les autres, de leur admission à la retraite, ni au propriétaire de nationalité française chef de famille ne possédant qu'une seule maison acquise avant la promulgation de la présente loi qu'il voudra occuper en totalité par lui-même et sa famille.

« ART. 8, 5° alinéa. — Pour les locations en meublé dont le taux mensuels n'excédera pas 750 francs, le prix du loyer ne pourra, en aucun cas, dépasser de plus de 20 % les coefficients de majoration successifs fixés par l'article 11 par rapport à la valeur locative ci-après définie à l'article 10. Le juge pourra ajouter à ce pourcentage la majoration subie depuis 1914 par les prestations et fournitures diverses à la charge de l'exploitant.

« ART. 9, 1er alinéa. — Les baux consentis aux administrations publiques dépendant de l'Etat, des départements et des communes, aux établissements publics, ainsi qu'aux œuvres de bienfaisance, d'assistance et de prévoyance sociales et aux œuvres scientifiques de caractère désintéressé, reconnues d'utilité publique, bénéficieront de la prorogation prévue à l'article 2 de la présente loi.

« ART. 10, 1er alinéa. — Pour toutes les locations prorogées en vertu de la présente loi et pour tous les baux consentis durant les périodes d'application de l'article 2, à l'exception des locations et baux afférents à des locaux exclus par ledit article, les prix des loyers seront fixés d'après les règles déterminées à l'article 11, sur la base de la valeur locative de 1914.

« ART. 11. — La valeur locative de 1914 ainsi déterminée sera majorée de 150 % du 1er juillet 1929 au 1er juillet 1931 et, à partir de cette date, de 15 % en sus chaque année jusqu'à la fin des prorogations prévues par la présente loi.

« Cette majoration sera acquise de plein droit au propriétaire à partir du 1er juillet 1929.

« La valeur locative résultant de l'application de l'alinéa 1er devra correspondre à la totalité des locaux et dépendances compris dans la même location avant le 1er août 1914. En cas de division actuelle entre plusieurs locataires de locaux faisant l'objet d'une seule et même location en 1914, la nouvelle majoration ne portera proportionnellement que sur les locaux présentement occupés par les locataires.

« Toutefois, si tout ou partie des locaux est affecté à l'exercice d'une profession ou d'une fonction, le propriétaire sera en droit d'exiger, en sus de la majoration calculée d'après les taux prévus à l'alinéa 1er, un supplément égal à 25 % de la valeur locative de 1914.

« En cas de sous-location non autorisée par écrit, et si le locataire conserve le bénéfice de la prorogation, le propriétaire pourra exiger, pendant la durée de la sous-location, un supplément égal à 30 % de la valeur locative en 1914 des locaux sous-loués.

« Si le bailleur consent au preneur un bail écrit de neuf années au moins, la majoration du loyer pourra être portée à 250 % de la valeur locative de 1914 pour les locaux d'habitation et à 275 % pour les locaux professionnels.

« En sus de ces pourcentages, les impôts mis par la loi à la charge du locataire, les majorations d'impôts grevant depuis le 1er avril 1926, et celles qui pourront grever l'immeuble loué au cours de la prorogation, impôt cédulaire foncier non compris, et les prestations en nature autres que celles qui existaient déjà en 1914, et qui étaient comprises à ce moment dans le prix du bail, pourront être réclamés par le propriétaire dans la mesure où il justifiera de leur montant, lequel sera réparti entre tous les occupants de l'immeuble, propriétaire compris, s'il y habite, au prorata de leur loyer.

« En ce qui concerne les impôts et prestations qui, en 1914, étaient compris dans le prix du bail, le propriétaire pourra réclamer la majoration qu'ils ont subie depuis cette époque.

« Pour le remboursement desdits impôts et prestations en nature, il pourra être établi, d'accord entre les parties, un forfait qui ne pourra dépasser 30 % du montant de la valeur locative de 1914, telle qu'elle est déterminée à l'article 10.

« Jusqu'au 1er juillet 1939, il est interdit aux propriétaires et bailleurs, à l'expiration des prorogations ci-dessus prévues, de percevoir, pour les locations faites dans les immeubles construits et achevés avant le 1er août 1914, un loyer supérieur à la valeur locative à cette date des locaux loués majorée de 300 % pour les locaux d'habitation et de 325 % pour les locaux à usage professionnel, compte tenu des impôts et prestations, sauf celles relatives au chauffage et à l'ascenseur.

« ART. 14. — Le bailleur convaincu d'avoir majoré de plus de 10 % le prix du bail tel qu'il devrait être établi par application des dispositions qui précèdent, pourra être condamné à une amende civile au moins égale au triple de la majoration, sans qu'elle puisse cependant dépasser le décuple.

« Les locataires seront admis à demander la réduction du loyer au prix licite et le remboursement des sommes qui auraient été versées en sus de ce prix. Ils devront intenter leur action par déclaration au greffe du tribunal compétent avant l'expiration du délai de six mois qui partira de la date de la première quittance de loyer majoré présentée par le propriétaire et payée par le locataire, ou, en cas de non-paiement à l'échéance, de la signification du commandement de payer.

« Il appartiendra à la juridiction statuant sur l'action en réduction de statuer également sur l'amende prévue au paragraphe 1er.

« En cas de condamnation du bailleur, cette même juridiction accordera au locataire, sur sa demande, le bénéfice de la prorogation instituée par l'article 2.

« Le droit de demander la réduction appartiendra au locataire pour les baux qui, après la période de prorogation, seront fixés à un prix supérieur au prix prévu par l'article 11, alinéa dernier.

« Le tribunal qui ordonnera la réduction du loyer autorisera le maintien du locataire dans les lieux, sur sa demande, pendant une période qui ne pourra être inférieure à un an, ni excéder trois ans, sauf s'il existe un bail d'une durée supérieure.

« Lorsqu'une amende civile aura été prononcée et en cas de nouvelle majoration illicite, le tribunal correctionnel sera saisi et le bailleur sera passible des peines prévues à l'article 419 du Code pénal. Celles-ci seront également applicables à quiconque aura stipulé pour autrui des loyers dépassant les prix licites. La prorogation sera accordée au locataire par la juridiction compétente d'après le titre III ci-après.

« Elle pourra être également accordée au locataire par la même juridiction dans le cas prévu par l'article 13.

« Le bailleur ne peut s'opposer aux installations qui ne peuvent diminuer la valeur des lieux loués, telles que celles de l'électricité, du téléphone, du gaz, de l'eau que le locataire réalise lui-même à ses frais.

« ART. 15. — Pour toutes les contestations relatives à l'application ou à l'exécution de la présente loi, la partie la plus diligente saisira, par déclaration faite au greffe, le juge de paix quand le prix du loyer annuel en cours ne dépassera pas 3.000 francs, charges non comprises, ou, s'il s'agit d'une location en meublé, quand le prix du loyer mensuel ne dépassera pas 500 francs, et, dans les autres cas, le président du tribunal civil, lequel pourra se faire remplacer par un magistrat du siège, ou, à Paris, par un juge assesseur.

« La juridiction compétente sera celle du lieu de l'immeuble.

« ART. 20, 1er alinéa. — Aucun local affecté à l'habitation ne pourra, même par reconstruction, être transformé en établissement de spectacles publics ou de danses, ou en local commercial ou industriel jusqu'au 1er juillet 1939.

« 4e alinéa. — Les locaux affectés à l'habitation seront, à dater de leur réaffectation, soumis à toutes les dispositions de la présente loi, notamment en ce qui concerne les prorogations et limitations de prix.

« 7e alinéa. — Lorsque le local continuera, malgré sa nouvelle affectation, à servir d'habitation à des personnes de nombre au moins égal à celles qui l'occupaient précédemment ou à une veuve de guerre non remariée avec enfant.

« 8e alinéa. — Lorsque le propriétaire aura, par compensation, construit un autre local affecté à l'habitation ou aménagé pour l'habitation un autre local qui n'avait pas cette destination, ou encore, sous réserve de l'approbation du comité de patronage des habitations à bon marché, de la situation de l'immeuble, souscrit en actions libérées d'une Société d'habitations à bon marché ou d'une Société de crédit immobilier un capital d'un montant égal à la valeur de construction des locaux désaffectés, ou consenti, soit à un office public d'habitations à bon marché, soit à une Société d'habitations à bon marché, un prêt d'un montant égal à la valeur de reconstruction des locaux désaffectés pour une durée supérieure à vingt-cinq ans et à un taux d'intérêt ne dépassant pas 4 %.

« Les locaux ainsi construits ou affectés devront être d'une importance au moins égale à ceux qui seront transformés, d'une valeur locative équivalente et être situés dans la même commune ou dans un groupe de communes formant avec la première une même agglomération. Les communes faisant partie de la même agglomération seront déterminées, après avis du comité de patronage des habitations à bon marché, par un arrêté préfectoral.

« ART. 21. — Aucune prorogation, quelle qu'elle soit, ne pourra être opposée au propriétaire de nationalité française qui veut démolir un immeuble pour construire, sur le même terrain, un autre immeuble d'une surface habitable au moins égale et contenant au moins le même nombre de logements que l'immeuble démoli.

« Il en sera de même si le propriétaire veut aménager son immeuble par voie de surélévation ou de toute autre façon, lorsque l'aménagement aura pour effet d'augmenter la surface habitable et le nombre de logements.

« Dans le cas d'aménagement ou de surélévation, l'exercice du droit de reprise sera limité strictement aux exigences des travaux.

« L'exercice de ce droit de reprise du propriétaire sera subordonné aux conditions et obligations suivantes :

« 1° Qu'un préavis d'un an soit donné à chacun des locataires congédiés pour quitter les lieux loués;

« 2° Qu'une indemnité préalable égale à deux ans du montant du loyer annuel soit versée par le propriétaire à chacun desdits locataires; -

« 3° Que les travaux de reconstruction soient commencés dans les six mois du départ du dernier locataire ayant quitté les lieux.

« Le propriétaire qui, ayant excipé des dispositions des alinéas 1er et 2° du présent article, n'aura pas commencé lesdits travaux dans le délai susvisé, ou qui ne les aura pas exécutés dans les conditions prévues aux alinéas 1er et 2e du présent article sera, pour l'avenir, déchu de tout droit de reprise, frappé d'une amende civile de 500 à 5.000 francs, sans préjudice de tous dommages-intérêts que pourrait réclamer le locataire évincé.

« Aucune des conditions ci-dessus formulées ne s'appliquera au cas où l'immeuble menace ruine. Dans le cas où le propriétaire prouve que l'immeuble est insalubre et où il se propose de reconstruire ou de transformer l'immeuble, la seule condition exigée est le préavis d'un an. Toutefois, dans le cas de transformation, l'exercice du droit de reprise sera limité strictement aux exigences des travaux.

« Tous les locataires bénéficiaires de la prorogation devront, dans les limites prévues par l'article 1724 (§§ 1er et 2°) du Code civil, supporter, tant dans les locaux occupés par eux que dans les autres parties de l'immeuble, les travaux rendus nécessaires par les surélévations entreprises par le propriétaire, à la condition que demeure ce qui est nécessaire à leur logement et à celui de leur famille.

« Dans le cas de démolitions, transformation ou surélévation nécessitant son départ, le locataire, à la disposition duquel le propriétaire mettra dans la même commune, aux mêmes conditions de prix et de durée, un local d'habitation similaire, ne pourra invoquer à son encontre le bénéfice de la prorogation.

« Le bénéfice de la prorogation ne sera pas non plus opposable au propriétaire qui veut reprendre, pour les utiliser dans le but de construire des bâtiments à destination principale d'habitation, tout ou partie de cours, jardins ou terrains, précédemment loués nus comme accessoires d'un local d'habitation. Dans ce cas, le locataire pourra obtenir une réduction de loyer.

« ART. 23. — Les 1er et 2e alinéas de l'article 1er de la loi du 20 juillet 1924 sont ainsi modifiés :

« Jusqu'au 1er juillet 1939, et sous réserve de l'exécution des contrats ayant reçu date certaine au 20 juillet 1924, il ne pourra, dans les communes d'une population totale d'au moins 4.000 habitants et dans celles où le dernier recensement accuse soit un accroissement de la population municipale, soit un accroissement du nombre de foyers, être procédé à la transformation en meublés, pensions de famille ou hôtels, des locaux d'habitations loués nus au 20 juillet 1924.

« 4e et 5e alinéas. — L'article 5 de la loi du 20 juillet 1924 est ainsi complété :

« Les dispositions de la présente loi ne sont pas applicables aux stations climatiques, hydrominérales ou balnéaires d'une population inférieure à 25.000 habitants. »

« ART. 25, 3e alinéa. — Tous les logements vacants devront également, dans la quinzaine qui suivra la vacance, être déclarés, avec indication du prix et du nombre des pièces, par le propriétaire à la mairie ou aux offices municipaux de logements dans les villes où ils existent.

« Toute infraction aux dispositions du présent article sera punie d'une amende civile de 100 à 3.000 fr.

« Le préfet, sur avis des conseils municipaux, pourra réquisitionner les locaux vacants pour y loger les familles sans abri.

« ART. 25 bis. — Une loi ultérieure déterminera les conditions de toute nature qui seront nécessaires à l'application de la réquisition.

« ART. 26. — Toute offre, directe ou indirecte, toute publicité quelle qu'elle soit, sont interdites pour les locaux vacants, non affichés, conformément aux dispositions de la présente loi.

« L'intermédiaire ne pourra recevoir une prime, une commission ou une rémunération quelconque qu'autant qu'il aura procuré une location à son client.

« Toute infraction à ces dispositions sera punie d'une peine de 1.000 à 5.000 francs d'amende.

« ART. 27, 2e alinéa. — En ce qui concerne les immeubles achevés après cette date et affectés à l'habitation avant le 24 octobre 1919, la prorogation pendant la période prévue par la présente loi, et conformément à la procédure qu'elle institue, pourra être accordée par le juge qui fixera également le prix du loyer au cas de désaccord entre les parties. La durée de la prorogation sera celle déterminée par l'article 2, la valeur locative étant établie par analogie avec les prix payés pour des logements similaires.

« Les locataires et occupants de bonne foi, au 30 juin 1929, de locaux construits après le 1er août 1914, et qui ont été expropriés pour cause d'utilité publique des immeubles qu'ils occupaient avant guerre, seront maintenus dans les lieux qu'ils habitent jusqu'à la fin du régime de prorogation, sans augmentation de prix, quand ils auront été relogés par les expropriants.

« Tout bail ou promesse de bail résultant de conforce de chose jugée, antérieur à la promulgation de la présente loi et dont l'exécution aura été rendue impossible par l'effet de diverses prorogations légales, sera annulé purement et simplement par les tribunaux compétents à la demande soit du propriétaire, soit du locataire.

« ART. 30. — ....
(L'article 30 est abrogé.)

« ART. 31. — L'exemption temporaire de l'impôt foncier, dont bénéficient, en vertu de l'article 9 de la loi du 8 août 1890, les constructions nouvelles, les reconstructions et les additions de construction, est fixée à quinze ans, à compter de l'année qui suivra celle de leur achèvement, pour les constructions nouvelles, reconstructions et additions non terminées à la date du 31 mars 1922, ou commencées depuis cette date, ainsi que pour celles qui seront entreprises postérieurement à la promulgation de la présente loi pourvu qu'elles soient achevées avant le 1er juillet 1939. Dans tous les cas où une demande d'autorisation de bâtir est exigée préalablement à la construction d'un immeuble, cette demande, lorsqu'elle aura été régulièrement produite, tiendra lieu de la déclaration spéciale prévue par l'article 9 de la loi du 8 août 1890.

« A titre transitoire, les constructions terminées après le 31 mars 1922, et qui n'auraient pas été l'objet de déclarations dans le délai fixé par la loi du 8 août 1890 et par l'article 60 de la loi du 5 décembre 1922, sur les habitations à bon marché, pourront revendiquer les mêmes droits sur déclaration faite à la mairie dans les six mois qui suivront la promulgation de la présente loi. Toutefois, l'immunité fiscale ne sera acquise que pour la fraction de la période de quinze ans restant à courir à dater du 1er janvier 1930. »

Les derniers alinéas sans changement.

———————

APPENDICE

LOI du 1ᵉʳ avril 1926

réglant à partir du 1ᵉʳ avril 1926 les rapports des bailleurs et des locataires des locaux d'habitation.

Le Sénat et la Chambre des députés ont adopté,

Le Président de la République promulgue la loi dont la teneur suit :

ARTICLE PREMIER. — A Paris, dans le département de la Seine et dans un rayon de 50 kilomètres des fortifications de Paris, dans les communes d'une population totale supérieure à 4.000 habitants ou distantes de moins de 5 kilomètres des villes de 10.000 habitants et dans toutes celles où le dernier recensement accuse un accroissement de la population municipale d'au moins 5 % sur le précédent recensement, les baux à loyers de locaux d'habitation ou à usage professionnel sans caractère commercial ou industriel, ou affectés à l'exercice d'une fonction publique, seront, à partir du 1ᵉʳ avril 1926 et jusqu'au 1ᵉʳ avril 1931, régis par les dispositions ci-après :

TITRE PREMIER

PROROGATION DES BAUX EN COURS

ART. 2. — Les locataires, sous-locataires, cessionnaires de baux et les occupants de bonne foi de locaux d'habitation en vertu d'une prorogation antérieure ou d'un délai de grâce, même expiré, en possession au 31 mars 1926, auront, sauf en cas de décision judiciaire devenue définitive ayant ordonné l'expulsion pour l'une des causes de refus de prorogation admise par la présente loi, droit, sans l'accomplissement d'aucune formalité, à des prorogations de jouissance qui prendront fin : *(voir tableau p. 14)*

Pour les locaux à usage professionnel ou servant à l'exercice d'une fonction ou à usage mixte, sans caractère commercial ni industriel, les prorogations de jouissance prendront fin : *(voir tableau p. 14)*

ART. 3. — Le bénéfice de la prorogation restera acquis, en cas d'abandon de domicile ou de décès du locataire ou de l'occupant aux personnes vivant habituellement avec lui : membres de sa famille ou à sa charge.

Dans le cas où le bénéficiaire de la prorogation n'exécuterait pas les obligations mises à sa charge par le contrat, par les usages locaux, ou par la loi, ou

	A PARIS, dans le département de la Seine et dans un rayon de 50 kilomètres des fortifications de Paris.	DANS LES VILLES de plus de 100.000 habitants et dans les communes limitrophes	DANS LES VILLES au-dessous de 100.000 habitants
	francs.	francs.	francs.
Au 1er juillet 1927, lorsque, au 1er août 1914, le loyer excédait	12.000	9.000	5.000
Au 1er juillet 1928, lorsque, au 1er août 1914, le loyer excédait	9.000	6.000	3.000
Au 1er juillet 1929, lorsque, au 1er août 1914, le loyer excédait	6.000	4.000	2.000
Au 1er juillet 1930, lorsque, au 1er août 1914, le loyer excédait	3.000	2.000	1.000
Au 1er avril 1931, pour toutes les prorogations non comprises dans les catégories ci-dessus.........	»	»	»

	A PARIS, dans le département de la Seine et dans un rayon de 50 kilomètres des fortifications de Paris.	DANS LES VILLES de plus de 100.000 habitants et dans les communes limitrophes	DANS LES VILLES au-dessous de 100.000 habitants
	francs.	francs.	francs.
Au 1er juillet 1927, lorsque, au 1er août 1914, le loyer excédait	18.000	13.500	7.500
Au 1er juillet 1928, lorsque, au 1er août 1914, le loyer excédait	13.500	9.000	4.500
Au 1er juillet 1929, lorsque, au 1er août 1914, le loyer excédait	9.000	6.000	3.000
Au 1er juillet 1930, lorsque, au 1er août 1914, le loyer excédait	5.500	4.000	2.500
Au 1er avril 1931, pour toutes les prorogations non comprises dans les catégories ci-dessus.........	»	»	»

bien ne jouirait pas des locaux en bon père de famille, le bailleur sera recevable à demander la déchéance du droit à prorogation.

Art. 4. — N'ont pas droit au bénéfice de la prorogation :

1° Les étrangers n'ayant pas combattu ni servi, ou dont les enfants ou gendres n'auront pas combattu ou servi dans les diverses formations des armées françaises, alliées ou associées, sauf pour les sujets des pays de protectorat et de mandat, et pour ceux dont les enfants ont acquis la nationalité française, et sous réserve des conventions diplomatiques existant au jour de la promulgation de la présente loi;

2° Les locataires, sous-locataires et cessionnaires de locaux de plaisance pour lesdits locaux;

3° Les locataires, cessionnaires ou sous-locataires ayant plusieurs habitations, sauf pour celle constituant leur principal établissement, à moins qu'ils ne justifient que leur fonction ou leur profession les y oblige ou que les locaux d'habitation loués par eux en sus de leur habitation personnelle sont occupés par leurs ascendants ou descendants ou ceux de leur conjoint;

4° Les occupants pour lesquels le logement constitue un des accessoires du contrat de louage de services;

5° Les locataires qui, contrairement aux clauses du bail, ont loué ou loueront la majeure partie des locaux sans l'assentiment écrit du propriétaire;

6° Les locataires qui ont à leur disposition, dans la même agglomération, un autre local répondant à tous leurs besoins et à ceux des membres de leur famille demeurant avec eux;

7° Les locataires d'immeubles destinés par les collectivités à des travaux d'utilité publique;

8° Les locataires qui, sans motif légitime, bien que depuis plus de deux ans en possession des locaux, n'ont pas occupé effectivement ceux-ci six mois au moins au cours de chacune des deux années antérieures à la promulgation de la présente loi; à moins que leur profession ou leur fonction ne justifie cette situation.

Art. 5. — Le droit à la prorogation n'est pas opposable au propriétaire de nationalité française qui, ayant acquis un immeuble ou partie d'immeuble avant le 1ᵉʳ mars 1926, voudra occuper par lui-même ou faire occuper par son conjoint, par ses ascendants ou descendants ou par ceux de son conjoint cet immeuble ou une partie de cet immeuble d'habitation.

Le propriétaire de nationalité française, dont l'acquisition est postérieure au 1ᵉʳ mars 1926, pourra bénéficier du droit de reprise, à la condition de mettre préalablement à la disposition du locataire un local répondant aux mêmes besoins que celui dont il veut reprendre l'usage.

Le droit reconnu au propriétaire par les alinéas précédents ne pourra porter que sur les locaux servant exclusivement à l'habitation et n'être exercé qu'une seule fois au profit de chacun des bénéficiaires ci-dessus énoncés.

ART. 6. — Cependant, si le locataire appartient à une des catégories suivantes :

Mutilés, réformés de guerre ou accidentés du travail ayant au moins, les uns et les autres, 25 % d'incapacité;

Veuves de guerre non remariées;

Ascendants ayant recueilli la veuve ou les enfants de militaires ou de marins morts pour la France;

Bénéficiaires des lois des 31 mars et 24 juin 1919;

Sinistrés dont l'habitation a été détruite ou rendue inhabitable par suite d'un accident de guerre, et n'ayant ni remployé, ni renoncé au remploi, ni cédé leurs dommages de guerre;

Chefs de famille ayant au moins trois enfants habitant avec eux, ou à leur charge, ou si le locataire est âgé de soixante-dix ans, ou atteint d'une maladie ou infirmité graves dûment constatées;

Le droit de reprise ne lui sera pas opposable, sauf si le propriétaire, son conjoint, ses enfants et les conjoints de ceux-ci, non séparés de corps, ou ses ascendants ou descendants, ou ceux de son conjoint appartiennent eux-mêmes à une de ces catégories.

Ces exceptions ne seront pas opposables non plus aux fonctionnaires ou agents civils ou militaires de l'Etat, des départements et des communes, ou aux employés logés par l'administration dont ils dépendent, justifiant de leur admission à la retraite.

ART. 7. — Le propriétaire ayant excipé des dispositions des articles 5 et 6 et qui, dans un délai de trois mois à dater du départ du locataire, et pendant une durée minimum de trois ans n'aura pas occupé ou fait occuper l'immeuble par ceux des bénéficiaires pour le compte de qui il l'avait réclamé sera, pour l'avenir, déchu de tous droits de reprise, frappé d'une amende civile de 500 à 5.000 francs, et devra au locataire congédié une indemnité qui ne pourra être inférieure à une année de loyer du local précédemment occupé, ni supérieure à cinq années, sans que le locataire évincé ait à faire la preuve d'aucun préjudice. Ce locataire, en cas de non-occupation, pourra demander la réintégration; en ce cas, l'indemnité ne sera pas due.

Cette déchéance ne sera pas encourue et cette indemnité ne sera point due si un cas fortuit ou de force majeure a empêché l'exercice normal du droit de reprise.

Art. 8. — Le locataire d'un local meublé qui y habite d'une façon permanente ou pendant la durée des périodes où sa profession le lui permet et qui ne dispose pas, pour son habitation, d'un autre local répondant à ses besoins et à ceux des membres de sa famille habitant avec lui aura droit, à partir du 31 mars 1926, sans l'accomplissement d'aucune formalité, à la prorogation prévue aux articles 2 et suivants.

Les dispositions du précédent alinéa ne s'appliquent pas, toutefois, aux locataires des locaux meublés, classés par application des dispositions de l'article 63 de la loi du 25 juin 1920 comme étant de première ou seconde catégorie.

Toute expulsion ou violation du droit à la prorogation, défini par le présent article, sans qu'un jugement ait été préalablement prononcé, rendra le propriétaire, le bailleur ou ses préposés passibles des sanctions prévues au deuxième alinéa de l'article 184 du Code pénal.

De plus, une indemnité égale à six mois de location sera due, dans ce cas, au locataire expulsé par son propriétaire.

Pour les locations en meublé, dont le taux mensuel n'excédera pas 750 francs, le prix du loyer ne pourra, en aucun cas, dépasser 120 % par rapport à la valeur locative de 1914 ci-après définie à l'article 10. Le juge pourra ajouter à ce pourcentage la majoration subie depuis 1914 par les prestations et fournitures diverses à la charge de l'exploitant.

Art. 9. — Les baux consentis aux administrations publiques dépendant de l'Etat, des départements et des communes, aux établissements publics ainsi qu'aux œuvres bienfaisantes reconnues d'utilité publique, bénéficieront de la prorogation prévue à l'article 2 de la présente loi.

Toutefois, le prix du nouveau loyer, pendant la durée de cette prorogation, à défaut d'accord entre les parties, sera déterminé par le juge, à l'aide de tous les éléments d'appréciation.

TITRE II

DÉTERMINATION DU PRIX DU LOYER

Art. 10. — Pour toutes les locations prorogées en vertu de la présente loi et pour tous les baux qui seront nouvellement consentis durant les périodes d'application de l'article 2, les prix des loyers seront fixés, d'après les règles déterminées à l'article 11, sur la base de la valeur locative de 1914.

Cette valeur locative est établie :

Pour les locaux qui, à cette époque, étaient déjà loués d'après le dernier terme devenu exigible avant le 1ᵉʳ août 1914, à moins que le propriétaire puisse établir que le prix du bail était inférieur à la valeur locative des locaux loués, auquel cas il pourra invoquer la règle ci-après.

Pour les locaux non encore loués en 1914, par analogie avec les prix payés pour les logements similaires.

Art. 11. — La valeur locative de 1914 ainsi déterminée sera, pendant la durée de la prorogation et jusqu'au 1ᵉʳ avril 1929, majorée de 100 %, sans que néanmoins cette nouvelle valeur locative puisse être inférieure aux décisions des commissions paritaires qui auraient fixé un pourcentage supérieur dans les conditions prévues à l'article 5 de la loi du 29 décembre 1923.

La valeur locative résultant de l'application de l'alinéa précédent devra correspondre à la totalité des locaux et dépendances compris dans la même location avant le 1ᵉʳ août 1914. En cas de division actuelle entre plusieurs locataires de locaux faisant l'objet d'une seule et même location en 1914, la nouvelle majoration ne portera proportionnellement que sur les locaux présentement occupés par les locataires.

Toutefois, si tout ou partie des locaux est affecté à l'exercice d'une profession ou d'une fonction, le propriétaire sera en droit d'exiger une majoration de 125 %.

En sus de ces pourcentages, les impôts mis par la loi à la charge du locataire, les majorations d'impôts qui pourront grever l'immeuble loué au cours de la prorogation, impôt cédulaire foncier non compris, et les prestations en nature autres que celles qui existaient déjà en 1914, et qui étaient comprises, à ce moment, dans le prix du bail, pourront être réclamés par le propriétaire, dans la mesure où il justifiera de leur montant, lequel sera réparti entre tous les occupants de l'immeuble, propriétaire compris, s'il y habite, au prorata de leur loyer.

En ce qui concerne les impôts et prestations qui, en 1914, étaient compris dans le prix du bail, le propriétaire pourra réclamer la majoration qu'ils ont subie depuis cette époque.

Pour le remboursement desdits impôts et prestations en nature, il pourra être établi, d'accord entre les parties, un forfait qui ne pourra dépasser 15 % du montant du loyer majoré.

Une loi ultérieure déterminera le taux des maxima

de majoration que les loyers des locations prorogées pourront subir postérieurement au 1ᵉʳ avril 1929.

ART. 12. — Le loyer actuel des locaux reconnus insalubres ne pourra être l'objet d'aucune augmentation.

Les déclarations d'insalubrité, faites conformément à la loi du 15 février 1902 et à la loi du 7 avril 1903, seront notifiées au locataire intéressé, avec la mention que son loyer ne pourra être l'objet d'aucune augmentation.

La liste des locaux déclarés insalubres sera diminué de 50 % si les travaux d'assainissement ne sont pas exécutés dans les délais prescrits en vertu et en application des lois visées au présent article.

ART. 13. — Qu'il s'agisse de locaux à usage d'habitation ou de locaux professionnels, toute exigence du bailleur, de ses agents ou préposés, ou toute convention tendant à imposer au preneur, sous une forme indirecte telle que remise d'argent, de valeurs ou de cautionnement ou reprise de mobilier, un prix de location dépassant le prix licite, tel qu'il est fixé par la présente loi, sera frappée de nullité absolue.

En outre, toutes personnes les ayant frauduleusement exigées seront passibles des peines prévues à l'article 419 du Code pénal sans préjudice de tous dommages-intérêts que pourront éventuellement réclamer les preneurs.

ART. 14. — Le bailleur, convaincu d'avoir majoré de plus de 10 % le prix du bail tel qu'il devrait être établi par application des dispositions qui précèdent, pourra être condamné à une amende civile au moins égale au triple de la majoration, sans qu'elle puisse dépasser cependant le décuple.

Les locataires seront admis, dans les six mois de leur entrée en jouissance, à demander le remboursement desdites majorations et la réduction du loyer au prix licite.

Le même droit appartiendra aux locataires pour les baux antérieurs à la promulgation de la loi à charge par eux de former leur demande dans les six mois de la promulgation de la loi. Il appartiendra à la juridiction statuant sur l'action en réduction de statuer également sur l'amende prévue au paragraphe 1ᵉʳ.

En cas de récidive, le tribunal correctionnel sera saisi, et le bailleur sera passible des peines prévues à l'article 419 du Code pénal.

TITRE III

PROCÉDURE

ART. 15. — Pour toutes les contestations relatives

à l'application ou à l'exécution de la présente loi, la partie la plus diligente saisira, par lettre recommandée ou déclaration faite au greffe, le juge de paix quand le prix du loyer annuel en cours ne dépassera pas 1.500 francs, charges non comprises, ou, s'il s'agit d'une location en meublé, quand le prix du loyer mensuel en cours ne dépassera pas 300 francs et, dans les autres cas, le président du tribunal civil, lequel pourra se faire remplacer par un magistrat du siège ou, à Paris, par un juge assesseur.

La juridiction compétente sera celle du lieu de l'immeuble.

Art. 16. — Le juge de paix, le président ou le juge délégué convoquera par lettre recommandée du greffier avec avis de réception les parties qui comparaîtront en personne ou qui pourront se faire représenter ou assister par un avocat régulièrement inscrit ou un avoué du ressort; et, en outre, devant le juge de paix, par tous les mandataires de leur choix.

Le juge aura pour mission de concilier les parties, il devra dresser procès-verbal, soit de la non-conciliation, soit de l'accord intervenu. Dans ce dernier cas, le procès-verbal sera revêtu de la formule exécutoire.

Faute de comparution ou de représentation, ou à défaut de conciliation, l'affaire sera portée par le juge de paix à son audience, par le juge conciliateur devant le tribunal qui statuera en chambre du conseil sur son rapport et sans autre procédure. Au tribunal de la Seine, les juges assesseurs pourront faire partie de la chambre du conseil.

Les parties seront avisées quinze jours au moins à l'avance, par lettres recommandées expédiées par le greffier; elles pourront se présenter en personne ou se faire représenter de la manière et en la forme sus-indiquées.

Si la décision est rendue par défaut, avis de ses dispositions est transmis par le greffier à la partie défaillante, par lettre recommandée, avec avis de réception, dans les cinq jours du prononcé.

L'opposition n'est recevable que dans la quinzaine de la date de la réception de la lettre recommandée, ou, à défaut d'avis de réception, dans la quinzaine de la notification qui sera faite par huissier.

Elle est formée par déclaration au greffe, dont il est donné récépissé.

La lettre recommandée ou la notification par huissier contiendra mention des délais et de la forme de l'opposition.

Les parties intéressées sont prévenues par lettre recommandée du greffier, avec avis de réception, ou par exploit d'huissier, pour la prochaine audience utile, avec délai minimum de huit jours francs.

La décision qui intervient est réputée contradictoire.

Dans les instances contradictoires, les décisions sont notifiées par le greffier aux parties en cause, par lettre recommandée, avec avis de réception, dans les vingt jours du prononcé.

Art. 17. — Les décisions du juge de paix ou celles du tribunal ne sont pas susceptibles d'appel.

La voie du recours en cassation leur est ouverte devant la commission supérieure instituée par la loi du 14 décembre 1920, en se conformant aux règles de l'article 51 de la loi du 9 mars 1918 et de l'article 4 de la loi du 14 décembre 1920.

Le greffier recevra les émoluments fixés par le tarif général du décret du 15 décembre 1925.

TITRE IV

DISPOSITIONS DIVERSES

Art. 18. — Les prorogations accordées par les différentes lois, y compris la présente, ne pourront ouvrir droit à des dommages-intérêts au profit, soit d'un acquéreur de l'immeuble, soit d'une personne ayant loué à bail dans cet immeuble antérieurement à la promulgation de la présente loi.

Art. 19. — Dans les villes placées sous l'empire du décret du 26 mars 1852 et dans celles où, en vertu d'arrêtés ou de règlements municipaux, des réparations de peinture ou de blanchiment de maisons pourraient être ordonnées, il pourra être sursis auxdites réparations sur la demande des intéressés en vertu de décisions individuelles.

Art. 20. — Aucun local affecté à l'habitation ne pourra, même par reconstruction, être transformé en établissement de spectacles publics ou de danses, ou en local commercial ou industriel jusqu'au 1er janvier 1931.

Toute infraction à la présente disposition constitue une contravention poursuivie en vertu du paragraphe 15 de l'article 471 du Code pénal. Le juge de police devra ordonner la réaffectation des lieux en locaux d'habitation dans les délais qu'il impartira.

Faute d'exécution dans le délai imparti, le propriétaire et l'occupant seront traduits devant le tribunal correctionnel et passibles d'une amende de 1.000 à 10.000 francs. Le tribunal devra, en outre, ordonner l'exécution aux frais des parties des travaux de réaffectation, le tout sans préjudice des dommages-intérêts que pourront réclamer les locataires évincés, quels que soient les accords intervenus entre eux et le bailleur ou le nouvel acquéreur.

Les locaux affectés à l'habitation seront, pour une durée de cinq années, à dater de leur réaffectation, soumis à toutes les dispositions de la présente loi, notamment en ce qui concerne les prorogations et limitations de prix.

Toutefois, la transformation visée aux alinéas précédents ne constituera aucune infraction punissable dans les trois cas suivants :

Lorsque la transformation aura pour objet de permettre au propriétaire de l'immeuble, à son conjoint ou à ses ascendants, d'exercer dans cet immeuble un commerce ou une industrie, dans les locaux dans lesquels ils continuent d'habiter;

Lorsque le local continuera, malgré sa nouvelle affectation, à servir d'habitation à des personnes de nombre au moins égal à celles qui l'occupaient précédemment;

Lorsque le propriétaire aura, par compensation, construit un autre local affecté à l'habitation ou aménagé pour l'habitation un autre local qui n'avait pas cette destination ou encore, sous réserve de l'approbation du comité de patronage des habitations à bon marché de la situation de l'immeuble consenti soit à un office public d'habitations à bon marché, soit à une Société d'habitations à bon marché, un prêt d'un montant égal à la valeur de reconstruction des locaux désaffectés pour une durée supérieure à vingt-cinq ans et à un taux d'intérêt ne dépassant pas 4 %. Les locaux ainsi construits ou affectés devront être d'une importance au moins égale à ceux qui seront transformés, d'une valeur locative équivalente et être situés dans la même commune.

En cas d'appel de la décision du juge de police, il devra être statué d'urgence par la juridiction d'appel.

ART. 21. — Aucune prorogation, quelle qu'elle soit, ne pourra être opposée au propriétaire qui veut démolir un immeuble pour construire ou aménager, sur le même emplacement, un autre immeuble contenant au moins le même nombre de logements que l'immeuble démoli.

L'exercice de ce droit de reprise du propriétaire sera subordonné aux conditions suivantes :

1° Qu'un préavis de six mois soit donné à chacun des locataires congédiés pour vider les lieux;

2° Qu'une indemnité préalable égale à un an du montant du loyer annuel soit versée par le propriétaire à chacun desdits locataires;

3° Que les travaux de reconstruction soient commencés dans les six mois.

Aucune des conditions ci-dessus formulées ne

s'appliquera au cas où l'immeuble menace ruine. Dans le cas où le propriétaire prouve que l'immeuble est insalubre et où il se propose de reconstruire ou de transformer l'immeuble, la seule condition exigée est le préavis de six mois.

En cas de démolition, transformation ou surélévation, le locataire à la disposition duquel le propriétaire mettra un local similaire dans la même commune, aux mêmes conditions de prix, ne pourra invoquer à son encontre le bénéfice de la prorogation.

Le bénéfice de la prorogation ne sera pas non plus opposable au propriétaire qui veut reprendre, pour les utiliser dans le but de construire des bâtiments à destination principale dh'abitation, tout ou partie de cours, jardins ou terrains, précédemment loués nus comme accessoires d'un local d'habitation. Dans ce cas, le locataire pourra obtenir une réduction de loyer.

ART. 22. — A dater de la promulgation de la présente loi, tous loyers payés d'avance, sous quelque forme que ce soit et même à titre de garantie, porteront intérêt au profit du locataire au taux pratiqué par la Banque de France pour les avances sur titres, pour les sommes excédant celle qui correspond au prix du loyer de plus d'un terme.

Défalcation sera faite de cet intérêt sur les quittances de loyer des deuxième et quatrième trimestres en cas de règlement trimestriel et des sixième et douzième mois si le paiement se fait par mensualité.

Toutes clauses et conventions contraires seront frappées de nullité absolue.

ART. 23. — L'article 1er de la loi du 20 juillet 1924 est ainsi modifié :

« Jusqu'au 1er avril 1931, et sous réserve de l'exécution des contrats ayant reçu date certaine au 20 juillet 1924, il ne pourra, dans les communes d'une population totale d'au moins 4.000 habitants et dans celles où le dernier recensement accuse soit un accroissement de la population municipale, soit un accroissement du nombre de foyers, être procédé à la transformation en meublés, pensions de famille ou hôtels, des locaux d'habitations loués nus au 20 juillet 1924.

« La transformation, en vertu de contrats ayant reçu date certaine à la date du 20 juillet 1924, ne pourra avoir lieu que si l'intention des parties de procéder à une transformation résulte des termes mêmes de la vente ou du bail ou des déclarations d'ouverture de meublés qui auront été faites réglementairement avant cette date à l'autorité compétente. »

L'article 5 de la loi du 20 juillet 1924 est ainsi complété :

« Les dispositions de la présente loi ne sont pas applicables aux stations climatiques, hydrominérales ou balnéaires d'une population inférieure à 20.000 habitants. »

Art. 24. — Les immeubles domaniaux qui auront été reconnus définitivement inutiles aux services civils ou militaires, affectataires, seront remis à l'administration des domaines.

Lorsqu'une commune aura manifesté l'intention d'acquérir ou de louer, en vue de le transformer en locaux d'habitation, ou d'y transporter des services publics, installés dans des immeubles pouvant servir à l'habitation, un des immeubles remis à l'administration des domaines par application de la disposition précédente, il sera sursis, pendant un laps de temps à déterminer par le ministre des Finances, à la vente aux enchères pour permettre à la commune de poursuivre, soit la déclaration d'utilité publique de l'acquisition, soit une entente avec l'administration des domaines en vue d'une cession ou d'une location amiable.

Les casernes dont la nue propriété appartient aux villes et dont l'usufruit a été réservé à l'État pour l'occupation par des corps de troupes seront remises pour la jouissance entière aux communes qui en feront la demande, dans le cas où ces casernes ne sont plus utilisées par les troupes, conformément à leur affection d'origine.

Une commission, composée de deux représentants de l'autorité militaire, de deux représentants de l'autorité municipale, du directeur des domaines ou de son représentant, et présidée par le préfet du département ou son représentant, fixera les locaux militaires qui devront être mis à la disposition des communes qui en feront la demande et formulera toutes propositions utiles sur les conditions possibles d'aliénation, d'échange ou de location.

Cette commission, dans un délai de trois mois, établira la liste des locaux visés à l'alinéa premier qui, dans chaque département, pourraient ainsi être utilisés par les municipalités. Il sera statué par décret rendu sur la proposition du ministre des Finances.

Art. 25. — Les propriétaires ou gérants d'immeubles et les exploitants de pensions de famille devront faire connaître, par des écriteaux extérieurs facilement lisibles de la rue, les logements vacants dans les immeubles qui leur appartiennent ou qu'ils administrent. L'affichage devra porter l'indication des prix et du nombre de pièces.

Les propriétaires, gérants ou exploitants des hôtels, pensions de famille et locaux meublés seront tenus d'apposer, sur la façade de l'immeuble dans lequel ils exercent leur profession, des écriteaux facilement lisibles de la rue indiquant qu'il existe dans l'immeuble soit un hôtel, soit des appartements meublés. La forme et la dimension des écriteaux seront déterminés par un arrêté de l'autorité compétente.

Tous les logements vacants devront également, dans la huitaine qui suivra la vacance, être déclarés avec indications du prix et du nombre de pièces par le propriétaire à la mairie ou aux offices municipaux de logements dans les villes où ils existent.

ART. 26. — Toute offre directe ou indirecte, toute publicité quelle qu'elle soit, sont interdites pour les locaux vacants, non affichés, conformément aux dispositions de la présente loi. Toute infraction à cette disposition sera punie d'une peine de 1.000 à 5.000 fr. d'amende.

ART. 27. — Aucune des dispositions provisoirement restrictives du droit de propriété pouvant résulter de la présente loi ou des lois antérieures sur les loyers n'est applicable aux immeubles construits postérieurement à 1914.

En ce qui concerne les immeubles achevés après cette date, et affectés à l'habitation avant le 24 octobre 1919, la prorogation pendant la période prévue par la présente loi, et conformément à la procédure qu'elle institue, pourra être accordée par le juge qui fixera également le prix du loyer au cas de désaccord entre les parties.

Les congés donnés antérieurement à la promulgation de la présente loi aux locataires ne pouvant bénéficier de la prorogation qu'elle institue ne produiront effet que trois mois après la promulgation de la présente loi.

ART. 28. — Les dispositions de la présente loi sont d'ordre public.

En conséquence, toute clause ou convention contraires même antérieures à la promulgation de la présente loi seront réputées nulles de plein droit.

ART. 29. — Cesseront d'être en vigueur à partir du 31 mars 1926 les titres II et III de la loi du 31 mars 1922, les lois des 5 juillet 1923, 29 décembre 1923, 2 août 1924 et 25 avril 1925 relatives à la législation des loyers d'habitation.

Il n'est pas dérogé, toutefois, aux droits résultant des dispositions de la loi du 9 mars 1918 complétées par le titre Ier de la loi du 31 mars 1922, en ce qu'elles n'ont pas de contraire aux dispositions de la présente loi. Si ces dispositions cessent leurs effets avant le 1er avril 1931, la présente loi s'appliquera de plein droit à tous ceux qui en seront les bénéficiaires dans les termes et conditions de la présente loi.

Art. 30. — L'article 463 du Code pénal est applicable aux infractions prévues par la présente loi.

TITRE V

DISPOSITIONS FINANCIÈRES

Art. 31. — L'exemption temporaire de l'impôt foncier, dont bénéficient, en vertu de l'article 9 de la loi du 8 août 1890, les constructions nouvelles, les reconstructions et les additions de construction, est fixée à quinze ans, à compter de l'année qui suivra celle de leur achèvement, pour les constructions nouvelles, reconstructions et additions non terminées à la date du 31 mars 1922, ou commencées depuis cette date, ainsi que pour celles qui seront entreprises postérieurement à la promulgation de la présente loi pourvu qu'elles soient achevées avant le 1" janvier 1930. Dans tous les cas où une demande d'autorisation de bâtir est exigée préalablement à la construction d'un immeuble, cette demande, lorsqu'elle aura été régulièrement produite, tiendra lieu de la déclaration spéciale prévue par l'article 9 de la loi du 8 août 1890.

A titre transitoire, les constructions terminées après le 31 mars 1922, et qui n'auraient pas été l'objet de déclarations dans le délai fixé par la loi du 8 août 1890 et par l'article 60 de la loi du 5 décembre 1922, sur les habitations à bon marché, pourront revendiquer les mêmes droits sur déclaration faite à la mairie dans les six mois qui suivront la promulgation de la présente loi. Toutefois, l'immunité fiscale ne sera acquise que pour la fraction de la période de quinze ans restant à courir à dater du 1" janvier 1927.

L'exemption est, en outre, étendue, en ce qui concerne les mêmes immeubles, aux taxes spéciales perçues au profit des départements et des communes.

Sont toutefois exclus du bénéfice des dispositions qui précèdent :

1° Les immeubles ou portions d'immeubles affectés à un autre usage que l'habitation;

2° Les immeubles ou portions d'immeubles construits par les sinistrés de la guerre ou leurs ayants droit et ayant donné lieu à l'attribution de l'indemnité prévue par le premier alinéa de l'article 4 de la loi du 17 avril 1919, relative à la réparation des dommages de guerre;

3° Les habitations d'agrément, de plaisance, ou servant à la villégiature;

4° Les immeubles ou portions d'immeubles reconnus insalubres et ceux qui auront été construits en violation des lois et règlements sur la protection de la santé publique, sur les servitudes *non ædificandi*, sur la voirie, l'aménagement et l'extension des villes.

Les immeubles ou portions d'immeubles appelés à bénéficier des immunités fiscales instituées par le présent article, qui seraient ultérieurement affectés à la location en meublé ou à un autre usage que l'habitation, cesseront d'avoir droit à ces immunités, à compter de l'année immédiatement postérieure à celle de leur transformation sans toutefois pouvoir être soumis à la contribution foncière avant l'expiration du délai d'exemption fixé par l'article 9 de la loi du 9 août 1920.

ART. 32. — La présente loi est applicable aux départements du Bas-Rhin, du Haut-Rhin et de la Moselle, dans les conditions du décret du 2 septembre 1922, et à l'Algérie.

La présente loi, délibérée et adoptée par le Sénat et par la Chambre des députés, sera exécutée comme loi de l'Etat.

LOI du 21 Juillet 1927
ayant pour objet de compléter et de modifier les articles 5 et 7 de la loi du 1ᵉʳ avril 1926.

Le Sénat et la Chambre des députés ont adopté,
Le Président de la République promulgue la loi dont la teneur suit :

ARTICLE PREMIER. — L'article 5 de la loi du 1ᵉʳ avril 1926 est ainsi modifié :

« Le droit à la prorogation n'est pas opposable au propriétaire de nationalité française qui, ayant acquis un immeuble ou une partie d'immeuble par acte ayant date certaine avant le 1ᵉʳ mars 1926 voudra occuper par lui-même cet immeuble ou une partie de cet immeuble.

« Toutefois, lorsqu'il sera établi par l'occupant que le propriétaire invoque le droit de reprise non pas pour satisfaire un intérêt légitime, mais dans l'intention de nuire à l'occupant ou d'éluder les dispositions qui régissent la détermination du prix du loyer, les juges devront refuser au propriétaire l'exercice de ce droit.

« De même, le droit à la prorogation n'est pas opposable au propriétaire remplissant les conditions visées au paragraphe 1ᵉʳ qui justifiera d'un motif légitime pour faire occuper l'immeuble ou une partie de l'immeuble par ses ascendants ou descendants ou par ceux de son conjoint vivant ou devant vivre séparément d'avec lui.

« Le propriétaire de nationalité française dont l'acquisition est postérieure au 1er mars 1926 ne pourra bénéficier du droit de reprise qu'à la condition de mettre préalablement à la disposition du locataire un local d'habitation répondant sensiblement par sa surface, par son prix et par sa situation, aux mêmes besoins que celui dont il veut reprendre l'usage.

« Le droit reconnu au propriétaire par les alinéas précédents ne pourra porter que sur les locaux servant exclusivement à l'habitation et ne pourra s'exercer qu'une seule fois au profit de chacun des bénéficiaires ci-dessus énoncés, quelles que soient la date de l'exercice de ce droit et la loi en vertu de laquelle il a été exercé.

« Le propriétaire qui voudra bénéficier du droit de reprise devra prévenir suivant les usages des lieux et au moins six mois à l'avance, par acte extrajudiciaire, le locataire dont il se propose de reprendre le local. Le dit acte devra, en outre, et à peine de nullité, quand le propriétaire exercera le droit de reprise en vertu du troisième paragraphe, indiquer avec précision le ou les motifs légitimes sur lesquels il entend baser son action. »

ART. 2. — L'article 7 de la loi du 1er avril 1926 est remplacé par les dispositions suivantes :

« Le propriétaire ayant excipé des dispositions des articles 5 et 6 et qui, dans un délai de trois mois à dater du départ du locataire, et pendant une durée minimum de trois ans, n'aura pas occupé ou fait occuper l'immeuble par ceux des bénéficiaires pour le compte de qui il l'avait réclamé, sera, pour l'avenir, déchu de tous droits de reprise, frappé d'une amende de 500 à 5.000 francs et devra au locataire congédié une indemnité qui ne pourra être inférieure à une année de loyer du local précédemment occupé ni supérieure à cinq années, sans que le locataire évincé ait à faire la preuve d'aucun préjudice. Ce locataire, en cas de non-occupation, pourra demander la réintégration; en ce cas, l'indemnité ne sera pas due.

« Cette déchéance ne sera pas encourue et cette indemnité ne sera point due si un cas fortuit ou de force majeure a empêché l'exercice normal du droit de reprise.

« L'article 463 du Code pénal est applicable à l'infraction prévue par le paragraphe 1er.. »

La présente loi, délibérée et adoptée par le Sénat et par la Chambre des Députés, sera exécutée comme loi de l'Etat.

MINISTÈRE DE LA JUSTICE

TEXTE OFFICIEL ET COMPLET DE LA

LOI
DU 29 JUIN 1929
SUR

LES LOYERS

modifiant et complétant
la loi du 1er Avril 1926

sur les Rapports entre les Bailleurs et les Locataires
de locaux d'habitation

ouvrage suivi du texte officiel
des Lois du 1er avril 1926 au 21 juillet 1927

PRIX : 1 fr. 50

Étienne CHIRON, Éditeur
40, rue de Seine — PARIS